역사의 눈을 길러주는
세계 문화 탐험 프로그램

세계사 여행

고대 2 – 통일제국의 등장 2

4

역사 전문 프로그램
✱ 감돌역사교실

세계사 여행

〈4호 수업안내문 | 고대 2 - 통일제국의 등장 2〉

제목	학습목표	학습내용
1차시 알렉산드로스 제국	· 알렉산드로스 대왕의 동방원정을 통해 통일제국이 확대되는 과정을 이해한다. · 알렉산드로스 대왕의 동서 융합 정책으로 생겨난 헬레니즘 문화의 특성을 이해한다.	01 알렉산드로스 대왕 02 알렉산드로스 제국 03 동·서양의 만남, 헬레니즘 04 알렉산드로스 제국의 후계자
2차시 로마 제국	· 로마가 지중해 지역을 통일하고 대제국을 형성하기까지의 과정과 로마 문화의 특성을 이해한다. · 로마 제국 시기에 크리스트교가 생겨나고 전파되는 과정을 이해한다.	01 로마는 하루아침에 이루어지지 않았다! 02 모든 길은 로마로 통한다! 03 로마에 가면 로마법을 따르라! 04 크리스트교가 전파되다!
3차시 마우리아 제국	· 인더스, 갠지스 유역에 등장한 통일제국의 성립과 발전을 이해한다. · 인도에서 탄생한 불교와 힌두교의 성립과 전파 과정을 이해한다.	01 인도에서 탄생한 불교 02 인도를 통일한 마우리아 제국 03 굽타 제국과 힌두교 04 석굴 속 인도 불교와 힌두교
4차시 진·한 제국	· 진·한 제국을 통해 고대 중국 영토의 통일과 문화의 형성 과정을 이해한다. · 유교의 성립과 유교 중심의 질서를 갖춘 중국의 모습을 이해한다.	01 분열과 발전의 춘추·전국 시대 02 중국 최초의 통일제국 '진(秦)' 03 중국 문화의 바탕 '한(漢)' 04 만리장성과 실크로드

이 달에 배우는 세계사 연표

기원전 770(~221)	기원전 753	기원전 492(~479)	기원전 431(~404)	기원전 334(~323)
춘추 전국 시대	로마 건국	그리스·페르시아 전쟁	펠로폰네소스 전쟁	알렉산드로스, 동방원정

기원전 317(~180)	기원전 221(~180)	기원전 202(~A.D.8)	기원전 139(~126)	기원전 108
마우리아 제국 건국	진, 중국 통일	한 건국	장건, 서역 여행	고조선 멸망

기원전 37	기원전 4(~A.D.30)	313	320(~550)	392
고구려 건국	예수(크리스트) 탄생	로마, 크리스트교 공인	인도, 굽타 제국	로마, 크리스트교 국교화

1 알렉산드로스 제국

학습목표

• 알렉산드로스 대왕의 동방원정을 통해 통일제국이 확대
되는 과정을 이해한다.

• 알렉산드로스 대왕의 동서 융합 정책으로 생겨난 헬레니
즘 문화의 특성을 이해한다.

학습내용

01 알렉산드로스 대왕

02 알렉산드로스 제국

03 동·서양의 만남, 헬레니즘

04 알렉산드로스 제국의 후계자

공부하고 지도에 표시하기

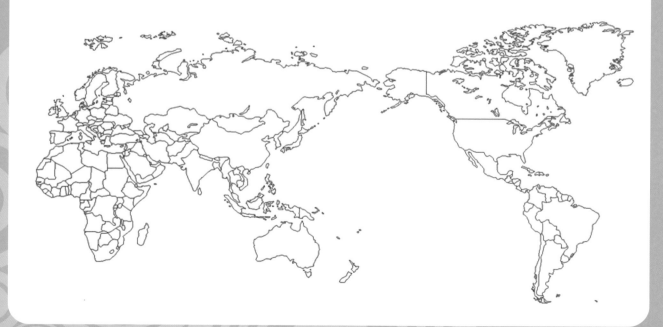

그리스 북쪽의 작은 왕국 마케도니아를 대제국으로 만든 알렉산드로스 대왕에 대해 알아봅시다.

● 소년 알렉산드로스와 부케팔로스 말

그리스 북쪽에 위치한 작은 왕국 마케도니아의 왕 필리포스 2세는 펠로폰네소스 전쟁 이후에 힘이 약해진 그리스 도시국가들을 정복하고 그리스의 왕이 되었다. 그는 그리스의 도시국가들을 통일하고 그리스 문화를 적극적으로 받아들였다.

필리포스 2세의 아들이 바로 유명한 알렉산드로스 대왕이다. 알렉산드로스가 13세 때, 말 상인이 필리포스 2세에게 '부케팔로스'라는 이름을 가진 명마를 팔러 왔다. 그러나 이 말이 성질이 너무 사납고 거칠어 아무도 다루지 못하자 왕은 말을 도로 가져가라고 명령했다. 그때 알렉산드로스가 나섰다.

"말은 자기 그림자를 보고 겁에 질려 있는 거예요."

알렉산드로스는 말고삐를 쥐고 말이 그림자를 보지 못하도록 말머리를 태양 쪽으로 돌린 후 가볍게 말 등에 올라탔다. 그러자 말이 달리기 시작했다. 모든 사람들이 우뢰와 같은 갈채를 보냈다. 필리포스 2세는 기쁨에 차서 말했다.

㉠"아들아, 너는 네게 알맞는 왕국을 다른 땅에서 찾아라. 마케도니아는 너를 만족시키기에는 너무나 좁다."

필리포스 2세는 그리스 철학자 아리스토텔레스를 아들의 스승으로 삼았다. 알렉산드로스는 다방면에 뛰어난 아리스토텔레스에게 윤리, 정치, 음악, 의학, 천문학, 문학, 해부학, 역사, 동물학, 수학, 시, 철학 등을 배웠다.

● 고르디우스의 매듭

필리포스 2세가 죽고, 알렉산드로스는 20세 때 왕이 되었다. 기원전 334년 동방 원정길에 오른 알렉산드로스는 소아시아를 정복하고 고르디우스에 있는 제우스 신전에 가게 되었다. 이 신전의 기둥에는 한 대의 짐수레가 단단히 묶여 있었는데, 이 매듭을 푸는 사람이 아시아를 지배한다는 전설이 내려오고 있었다. 알렉산드로스는 아무도 풀지 못한 매듭을 허리에 찬 칼을 뽑아 들고 단칼에 베어 버렸다. 고정관념을 깨뜨린 알렉산드로스는 아시아를 포함한 대제국의 대왕이 되었다.

》1 다음 지도에서 필리포스 2세가 다스리는 그리스의 작은 왕국 마케도니아와 수도 펠라를 찾아봐요.

필리포스 2세

》2 알렉산드로스는 날뛰는 부케팔로스를 어떻게 길들였나요? 그 모습을 보고 아버지 필리포스 2세가 ㉠처럼 말한 까닭은 무엇일까요?

알렉산드로스와 부케팔로스▶

》3 필리포스 2세는 아들 알렉산드로스를 위해 누구를 스승으로 삼았나요? 스승은 알렉산드로스에게 무엇을 가르쳤나요?

알렉산드로스　　　아리스토텔레스

아버지는 생명이란 고귀한 선물을 주었고 아리스토텔레스는 잘 사는 법을 가르쳐 주었다.

》4 고르디우스의 매듭을 칼로 벤 알렉산드로스의 행동에 대해 어떻게 생각하나요?

고정관념을 깬 발상의 전환이다!

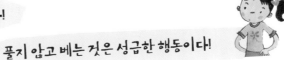
풀지 않고 베는 것은 성급한 행동이다!

O2 알렉산드로스 제국

마케도니아의 알렉산드로스 대왕은 기원전 334년부터 대규모 동방 원정을 단행하여 10년 만에 유럽, 아시아, 아프리카 세 대륙에 걸친 대제국을 건설했습니다.

>> **1** 다음 지도를 보고 물음에 답하며 페르시아 전쟁 이후 고대 그리스 지역의 상황을 알아봅시다.

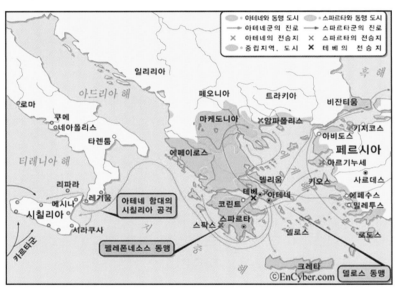

1 지도에서 그리스와 페르시아를 찾아보세요. 둘 사이의 전쟁에서 누가 이겼나요?

2 지도에서 아테네와 스파르타를 찾아보세요. 둘 사이의 전쟁에서 누가 이겼나요?

아테네(델로스 동맹)

페르시아 전쟁을 승리로 이끈 것은 우리 아테네야! 그러니 아테네가 그리스의 중심이 되는 것은 당연하지! 아테네를 따르는 폴리스들을 연합해 델로스 동맹을 맺고 불만 많은 스파르타를 막아야지.

스파르타(펠레폰네소스 동맹)

그리스의 모든 폴리스가 함께 전쟁에 참여해 싸웠는데 모든 영광이 아테네에게 돌아가다니, 참을 수 없어! 다른 폴리스들과 힘을 합쳐 펠레폰네소스 동맹을 맺고 아테네의 독주를 막아야지.

3 그리스의 폴리스들은 어느 나라한테 정복당했나요?

» 2 다음 지도를 살펴보며 알렉산드로스 대왕의 대제국에 대해 알아봅시다.

난 스무 살 때 마케도니아 왕이 되었어. 젊었지만 난 이미 그때부터 뛰어난 군사 전략가였지. 기원전 333년 이수스 전투에서 페르시아의 다리우스 3세를 물리치고 이집트를 정복한 후, 동쪽으로 계속 나아가 인도를 공격했어. 인도를 정복하지는 못했지만 유럽, 아시아, 아프리카에 걸친 대제국을 건설했지. 정복지 곳곳에 내 이름을 딴 도시 '알렉산드리아'를 무려 70여 개나 만들었어.

1 마케도니아의 초기 영역을 찾아 표시해 보세요.

2 페르시아의 다리우스 3세를 물리친 전투는? 지도에서 찾아보세요.

3 알렉산드로스가 정복지에 세운 도시 이름은?

4 알렉산드로스 대왕의 대제국 영역에서 다음 지역을 찾아 지도에 표시해 보세요.

지중해　　흑해　　카스피해　　홍해　　아프리카

페르시아만　　인더스강　　아시아　　유럽

5 현재는 어떤 나라들이 알렉산드로스 대제국의 영역에 포함될까요?

03 동·서양의 만남, 헬레니즘

알렉산드로스는 동서 문화 융합 정책을 펼쳐 헬레니즘 문화라는 독특한 문화를 탄생시켰습니다. 헬레니즘 문화의 특징에 대해 알아봅시다.

● 동·서 문화를 합친 새로운 문화 헬레니즘

알렉산드로스 대왕은 유럽, 아시아, 아프리카에 걸친 대제국을 건설했다. 알렉산드로스는 세 대륙에 걸친 자신의 나라를 하나로 통합하기 위해 동서 문화 융합 정책을 펼쳤다.

제국 곳곳에 알렉산드리아라는 도시를 세워 그리스인들을 이주시키고, 이주한 그리스인과 다른 민족의 결혼을 권장했다. 그리스어를 공용어로 사용했지만, 정복한 여러 민족의 전통과 관습을 존중하고 페르시아인을 관료로 채용했다. 그리스 관리와 병사들을 페르시아 여성과 결혼시키고 자신도 페르시아 공주와 결혼해 제국을 다스렸다.

알렉산드로스 대왕의 동서 융합 정책으로 서아시아와 이집트 등의 동방 지역에 그리스 문화가 퍼져 나갔다. 동·서양의 문화가 서로 영향을 주고받으면서 '헬레니즘'이라는 새로운 문화가 탄생했다. 헬레니즘은 '그리스인처럼 행동하다'라는 뜻이지만 하나의 제국 아래 다른 민족과 함께 살아가게 된 그리스인들은 다른 민족을 야만족으로 보는 생각이 사라지게 되었다. 모든 민족을 전 세계의 시민이라 생각하고 폴리스 중심의 사고방식에서 벗어나 개인의 행복을 더 중요하게 여겼다.

헬레니즘 문화는 예술에서도 인간의 외적인 아름다움과 내적인 감정을 사실적이고 솔직하게 표현했다. 인간이 고통받는 모습을 사실적으로 나타낸 '라오콘 군상'이나 아름다운 비너스의 모습을 표현한 '밀로의 비너스', 육체의 움직임을 인상적으로 표현한 '사모트라케의 니케' 등은 모두 헬레니즘 문화의 특징을 잘 보여주는 작품이다.

>> **1** 알렉산드로스 대왕은 대제국을 다스리기 위해 어떤 정책을 펼쳤나요?

>> **2** 헬레니즘의 의미를 알아봅시다.

	+	= Hellenism 그리스인처럼 행동하다

>> **3** 다음 헬레니즘의 대표 작품을 살펴보고 알맞은 제목을 찾아 보세요.

보기   라오콘 군상   밀로의 비너스   사모트라케의 니케

조각상을 보고 떠오르는 단어를 말해 보세요.

라오콘과 두 아들을 감싸고 있는 것은 무엇인가요?

니케와 비너스의 조각상을 완성하려면 무엇이 있어야 하나요?

>> **4** 알렉산드로스 대왕의 인도 원정으로 헬레니즘과 인도 문화가 섞여 간다라 미술이 탄생했습니다. 간다라 미술의 전파 과정을 순서대로 나열해 보세요.

① 그리스 아테나 여신
② 중국 윈강 석불
③ 한국 석굴암
④ 파키스탄 미륵보살입상
⑤ 일본 백제관음상

◯ ➡ ◯ ➡ ◯ ➡ ◯ ➡ ◯

04 알렉산드로스 제국의 후계자

알렉산드로스 대왕이 죽은 후 분열된 제국의 모습을 살펴보고, 마케도니아에 이어 새롭게 떠오른 정복자 로마에 대해 알아봅시다.

● 알렉산드로스의 죽음과 제국의 분열

알렉산드로스 대왕은 기원전 336년부터 323년까지 13년간 마케도니아 대제국을 통치하다가 33세의 젊은 나이에 갑자기 열이 나고 온몸이 마비되면서 의문의 병으로 죽었다. 알렉산드로스 대왕이 죽자 제국은 세 왕국으로 나뉘었다. 메소포타미아와 페르시아를 지배한 셀레우코스 왕국(시리아), 이집트와 팔레스타인, 리비아에 걸친 프톨레마이오스 왕국(이집트), 그리고 마케도니아와 그리스를 거점으로 한 안티고노스 왕국(마케도니아)이다. 알렉산드로스 제국은 세 왕국으로 분열되었지만, 이들 세 왕국 덕분에 헬레니즘 문화는 더욱 퍼져나갔다.

● 정복자 로마의 등장

기원전 800년경 이탈리아 반도에 도시국가 로마가 생겼다. 로마의 건국에 관해서는 다음과 같은 전설이 있다.

이탈리아 반도 알바롱가 왕국의 프로카스 왕은 누미토르와 아물리우스라는 두 아들이 있었다. 첫째인 누미토르가 왕이 되자 동생 아물리우스는 형을 죽이고 형의 딸 레아 실비아를 신에게 제사를 지내는 무녀로 만들어 평생 혼자 살게 만들었다. 어느 날 레아 실비아는 숲에서 전쟁의 신 마르스를 만났다. 레아 실비아와 마르스 사이에서 로물루스와 레무스라는 쌍둥이 형제가 태어났다. 아물리우스는 쌍둥이 형제를 죽이려고 했지만 부하들은 테베르 강에 쌍둥이를 던져 버렸다. 다행히 암늑대가 쌍둥이 형제를 발견하고 그날부터 늑대의  젖을 먹으며 자랐다. 쌍둥이들이 자라서 도시를 세우고 누가 왕이 될지 경쟁하다 로물루스가 승리하여 지배자가 되었다. 로마는 '로물루스가 세운 도시'라는 뜻이다.

로마는 이탈리아 반도 북쪽의 에트루리아 왕국, 남쪽의 그리스 식민도시들에 둘러싸인 작은 도시국가였지만 주변 민족의 철기 문명과 집 짓는 법, 문자와 도자기 만드는 법 등을 배워 거대한 도시로 발전했다. 이렇게 힘을 기른 로마는 지중해로 진출하여 알렉산드로스 대왕이 죽고 분열된 마케도니아의 세 왕국을 정복했다.

≫ 1 알렉산드로스 대왕이 죽은 후 갈라진 세 왕국을 지도에서 찾아보세요.

유럽 - - - - - - - - - - -

아시아 - - - - - - - - - - -

아프리카 - - - - - - - - - - -

≫ 2 다음 지도를 통해 초기 로마의 모습을 살펴봅시다.

1 로마를 세운 사람 사람은 누구인가요?

Romulus → Rome

2 로마가 세워진 곳은 ◯◯◯◯ 반도이다.
지도에서 로마를 찾아 표시해 보세요.

3 로마의 북쪽에는 에트루리아.
남쪽에는 ◯◯◯ 식민지가 있었다.

4 로마가 주변 민족에게서 받아들인 것은 무엇인가요?

≫ 3 알렉산드로스 대왕의 대제국을 멸망시킨 나라는?

알렉산드로스 대왕 인생 시간표 만들기

알렉산드로스는 20세에 왕위에 올라 13년 간 마케도니아 제국을 다스리다가 33세의 젊은 나이에 죽었습니다. 알렉산드로스의 삶을 떠올리며 인생 시간표를 만들어 보세요.

어린시절   마케도니아의 왕   대제국 건설   헬레니즘 전파

0

2 로마 제국

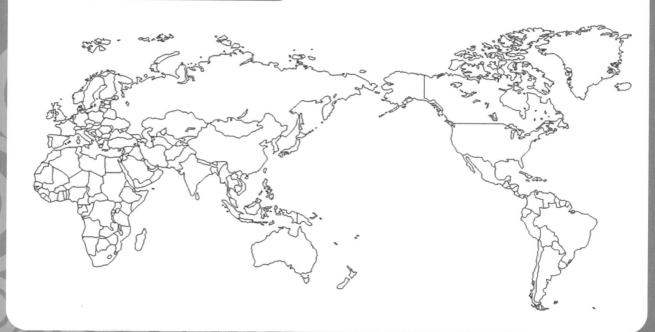

01 로마는 하루아침에 이루어지지 않았다!

로마는 기원전 8세기경 이탈리아 반도의 작은 도시국가에서 출발하여 지중해를 통일하고 유럽에서 아프리카, 아시아에 이르는 대제국을 건설했습니다.

>> **1** 다음 지도를 통해 로마 제국이 형성되는 과정을 살펴봅시다.

이탈리아 반도의 작은 도시국가 로마는 이웃 나라들을 누르고 이탈리아 반도 전체를 통일하였다. 계속 세력을 키워 서쪽으로는 지금의 에스파냐, 프랑스, 영국, 남쪽으로는 찬란한 고대 문화를 일구었던 이집트를 포함해 아프리카 북부 지역까지 세력을 넓혔다. 동쪽으로는 그리스와 소아시아 지역까지 차지해 당시 유럽 주변에서 사람이 살 만한 땅은 모두 로마의 영토였다.

1 초기 로마가 세워졌던 이탈리아 반도를 찾고, 로마 제국의 최대 영토를 표시해 보세요.

 서쪽

 남쪽

동쪽

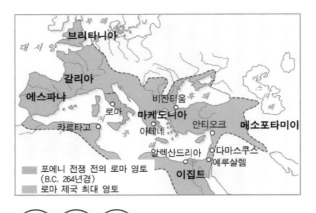

포에니 전쟁 전의 로마 영토 (B.C. 264년경)
로마 제국 최대 영토

2 로마가 대제국을 형성하면서 ◯◯◯ 는 로마의 품안에 완전히 들어와서 '로마의 호수' 라고 불렀습니다.

3 고대 문명부터 로마 제국이 형성되기까지 문명의 흐름을 위의 지도에 표시해 보세요.

메소포타미아 문명
이집트 문명 ➡ 에게 문명 ➡ 그리스 문명 ➡ 로마 문명 ➡ 유럽 문명

4 '로마는 하루아침에 이루어지지 않았다.' 는 무슨 뜻일까요?

여러 문명이 흘러들어와 합쳐져 대제국 로마를 이루었어요.

≫ 2 오리엔트 문명과 그리스 문명을 전해 받아 유럽 문화의 기초를 세운 로마는 현재 어떤 나라인지 알아봅시다.

1 로마 제국은 현재 어느 대륙에 속하나요?

2 로마 제국은 현재 어느 나라인가요? 지도에서 찾아보세요.

① 이름 : (   )

② 수도 : (   )

③ 면적 : 약 301,340㎢

④ 인구 : 약 6,148만 명

≫ 3 로마가 철기 문화를 바탕으로 대제국을 이룬 시기 한반도는 어떤 모습이었을까요 ?

1 한반도는 (고조선 / 부족 연맹 왕국 / 삼국) 시대이다.

2 다음 지도에서 한반도에 생겨난 나라들과 건국자를 찾아 쓰세요.

	나라	건국자
㉠		
㉡		
㉢		
㉣		

02 로마에 가면 로마법을 따르라!

로마는 오리엔트와 그리스 문화를 포함해 지중해 세계의 모든 문화를 받아들이고, 넓은 제국을 통치하는 데 필요한 법률, 건축 등의 실용적인 문화를 발전시켰습니다.

>> **1** 로마 시민들의 중심지인 '포로 로마노'를 살펴보며 로마 시민들의 생활 모습을 살펴봅시다.

포로 로마노 : 고대명은 포룸 로마눔(Forum Romanum). 로마에 있는 가장 오래된 포룸(도시광장). 공회당, 신전, 원로원 등의 공공건물과 시민들의 일상생활에 필요한 상점, 목욕탕, 체육시설, 도서관, 시장 등이 있다. 이곳은 고대 그리스의 아고라처럼 고대 로마 시민들의 생활 중심지였다.

로마

① ② ③

그리스

◀ 파르테논 신전

아크로폴리스와 아고라

1 포로 로마노에서 다음 건축물들을 찾아보세요.

국가의 보물을 보관하던 사투르누스 신전, 현재는 기둥 8개만 남아 있어요.

제19대 로마 황제 세베리우스의 즉위 10주년을 기념하기 위해 만든 세베리우스 개선문

법을 만들고 관리하는 로마 최고의 통치 기구 '원로원'

| 원로원 : 로마 건국자 로물루스가 설치하여 로마 건국 때부터 존재했다고 한다.

2 그리스 폴리스와 포로 로마노를 비교하여 같은 점과 다른 점을 찾아보세요. 로마 건축에서 그리스 문명의 영향을 받은 부분을 찾아보세요.

>> **2** 대제국을 가진 로마 시민들은 편안하고 부유한 생활을 했습니다. 로마 황제들이 시민들을 위해 만든 오락시설 '콜로세움'에 대해 살펴봅시다.

정식 명칭은 폴라비우스 원형 경기장이지만 '거대하다'는 뜻의 라틴어 콜로수스(Colossus)에서 유래하여 콜로세움으로 불렸다. 4층으로 된 건물로 5만 명을 수용할 수 있다. 1층에는 80개의 문이 있고 문에는 출입구 번호 표시가 되어 있다. 검투사들의 싸움, 동물 서커스, 연극, 물을 채워 전투를 하는 모의 해전 등 다양한 공연을 펼쳐 로마 시민들이 즐거움과 공동체 의식을 느낄 수 있게 했다. 콜로세움은 황제가 시민들의 인기를 얻는 동시에 시민들이 황제에 대한 공포심을 느끼게 하는 정치적인 역할을 했다.

1 수용인원　　　　　　명

2 문　　　　　　개

3 높이57m　　　　　　층

4 콜로세움에서 무엇을 하고 있는지 다음 그림을 보며 이야기 해봐요. 콜로세움을 만든 이유는 무엇일까요?

>> **3** '로마에 가면 로마법을 따르라'라는 말은 무슨 뜻일까요?

로마법은 로마 최대의 문화유산이다. 로마 최초의 성문법인 '12표법'이 로마 시민에게 적용되는 '시민법'으로 발전했고, 점차 제국 내 모든 민족에게 적용되는 '만민법'으로 확대되었다. 결국 로마법은 다양한 인종과 문화적 배경을 가진 제국의 시민이면 누구나 합리적인 '법'으로 보호받을 수 있게 만들어 준 것이다. 이후 로마법은 중세 유럽으로 계승되었고, 더 나아가 근대 유럽 국가들의 시민법에 영향을 주었다.

여러 문명의 영향을 받아 새롭게 탄생한 로마의 문화를 모두가 따라요.

03 모든 길은 로마로 통한다!

로마 제국이 오랫동안 광대한 지역을 다스리며 번영을 누릴 수 있었던 이유를 로마의 도로망을 통해 알아봅시다.

● 모든 길은 로마로 통한다

기원전 3세기부터 500여 년에 걸쳐 로마인들이 건설한 도로의 총길이는 150,000km에 이른다. 로마 제국은 아프리카 북부, 영국, 아시아까지 세력을 떨치고 있어 문화와 풍속이 다른 다양한 민족을 효율적으로 통치해야 했다. 로마는 군대가 신속하게 이동하고 왕의 명령과 물자가 빨리 전달될 수 있는 도로를 국가의 '동맥'으로 생각했다. 길을 서로 연결시켜 마치 사람의 몸에 피를 돌게 하듯 광대한 영역을 연결시켜 하나로 묶는 도로망을 만든 것이다. 여기서 나온 말이 '모든 길은 로마로 통한다.' 이다.

도로는 마차 두 대가 지날 정도의 폭(4m)으로 되어 있고, ㉠여러 겹의 돌과, 자갈을 깔고 가운데를 볼록하게 만들고 길 양쪽으로 도랑을 내어 물이 잘 빠지도록 했다. ㉡도로 가운데 징검다리 돌을 설치하여 말과 마차의 속도를 제한하고 비가 올 때 도로를 지나는 사람이 편리하도록 했다. 도로를 걸어가는 사람들의 안전을 위해 마차의 방향을 규제하는 법도 있었다. 로마의 도로는 인간과 말이 하루에 200km를 이동할 만큼 효율적이었다. 또 일정 거리마다 이정표를 세우고 말을 바꾸어 타거나 쉬어갈 수 있는 역참, 스타치오네스(stationes)를 만들었는데, 영어 스테이션(station;역)은 여기서 나온 말이다.

로마의 도로망은 군사적, 정치적 목적으로 만들었지만 마차가 지나는 도로를 따라 각종 상점이 생겨나고 쉴 수 있는 벤치도 만들었다. 상인들이 도로를 이용하면서 상업이 더욱 활발해졌다. 사람과 물자의 이동으로 자급자족 경제에서 벗어나 도로 주변에 사는 주민들의 생활수준이 높아지고 로마에 대한 반항도 점점 줄어들게 되었다. 로마의 도로는 로마가 광대한 제국을 다스리고 다른 민족을 로마 제국으로 편입시키는 데 큰 역할을 했다.

>> **1** 로마인들은 도로 건설의 뛰어난 기술자였습니다. 로마인들이 도로를 만드는 방법을 순서대로 바르게 나열해 보세요.

- **1** 4미터 정도 너비로 1미터 정도 흙을 파낸다.
- **2** 자갈에 석회를 섞고 두드려 단단하게 다진다.
- **3** 일정한 크기로 자른 돌을 빗물이 잘 빠지도록 가운데가 볼록하게 얹는다.
- **4** 큰 돌맹이에 흙이나 모래를 섞어 넣어 도로의 가장 아래층을 만든다.

>> **2** ㉠과 ㉡을 참고하여, 다음 로마의 도로에서 <보기>를 찾고 그 용도를 말해 보세요.

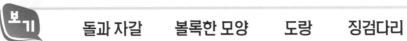

보기   돌과 자갈   볼록한 모양   도랑   징검다리

>> **3** 로마의 도로는 고대 로마의 성장에 중요한 역할을 했습니다. 372개의 연결도로를 통하는 로마 제국의 도로망을 살펴봅시다.

■ 로마 제국은 도로망을 어떠한 용도로 사용했나요?

■ '모든 길은 로마로 통한다' 는 무슨 뜻인가요?

도로가 있어 대제국의 힘이 닿지 않는 곳이 없었어요.

■ 현재는 어떤 나라들이 로마 제국에 포함되었나요?

04 크리스트교가 전파되다!

다양한 신을 믿는 로마에 유일신을 믿는 크리스트교가 전해지면서 어떤 변화가 일어났는지 알아봅시다.

● 하나님의 아들 (예수)

가나안 지역에 살고 있는 유대인(헤브라이인)들은 하나님을 유일신으로 믿고, 자신들은 하나님의 선택을 받은 백성들이라고 생각했다. 유대인들은 기원전 6세기부터 바빌로니아, 페르시아, 마케도니아의 지배를 받다가 기원전 63년부터 로마 제국의 지배를 받았다. 유대인들은 하나님이 자신들을 구원해 줄 구세주(메시아)를 보내 줄 것이라 믿으며 하나님의 율법을 지키며 살았다.

이때 나사렛에서 목수의 아들로 태어난 예수가 나타나 자신이 하나님의 아들이라며 유대교의 타락을 비판하고 누구나 하나님 앞에 평등하다고 설교했다. 하나님은 유대인만이 아니라 모두를 사랑하며 누구든 죄를 회개하면 구원받아 하늘나라로 갈 수 있다고 강조했다. 유대인들은 예수를 '신을 모독하는 반역자'로 고발해 십자가에 못박혀 죽게 만들었다.

● 크리스트교 (로마 제국의 종교가 되다)

예수가 죽은 후 베드로와 바울 등을 중심으로 하나님을 유일신으로 하고, 그의 아들 예수를 구세주로 믿는 크리스트교가 만들어졌다. 예수의 제자들은 크리스트교를 열심히 퍼뜨렸다. 모든 사람이 평등하다고 외치는 크리스트교는 가난한 사람들과 여성, 노예들 사이에 널리 퍼져 점차 로마 제국 안에 크리스트교도가 많아졌다. 로마의 황제들은 '황제'를 신의 대리인으로 숭배하게 했지만, 크리스트교도들은 우상 숭배라며 황제를 믿는 것을 거부해 많은 박해를 받았다. ㉠무너져 가는 로마를 다시 일으켜 세우려는 황제일수록 크리스트교에 대한 박해가 더 심했다. 강이 범람할 때, 비가 내리지 않을 때, 지진이 일어날 때, 흉년이 들 때, 전염병이 번질 때마다 로마 사람들은 크리스트교에 보복을 하고 수백만 명을 죽였다. 크리스트교도들은 박해를 피해 지하 공동묘지인 카타콤에 숨어 예배를 드리며 세력을 넓혀 갔다.

아무리 박해를 해도 로마 제국 안에 크리스트교가 널리 퍼지자, 313년 콘스탄티누스 황제는 크리스트교를 인정해 주었다. 이제 누구나 크리스트교를 자유롭게 믿을 수 있게 되었다. 이후 크리스트교는 로마의 국교가 되어 세계 종교로 발전해 나갔고, 유럽 문화의 중요한 바탕이 되었다.

》1 예수는 어디에서 태어났나요? 예수가 태어난 지역을 지도에서 찾아보세요. 현재는 어느 나라가 있나요?

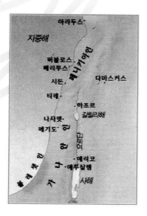

① 이름 : (   )
② 수도 : 예루살렘
③ 면적 : 20,770㎢
④ 인구 : 759만(세계 97위)

》2 유대교와 크리스트교의 차이를 설명해 보세요.

》3 ㉠을 참고하여 로마 황제들이 크리스트교를 박해한 이유를 설명해 보세요.

|박해 : 못살게 굴어서 해롭게 함.

카타콤

》4 다음 도표를 보고 예수의 탄생을 기준으로 만든 연대 계산법을 설명해 보세요.

B. C. = (Before Christ, 예수 탄생 전)	예수 탄생	A. D. = (Anno Domini, 주님의 해)

대제국 로마

이탈리아 반도의 작은 나라 로마가 대제국을 이룰 수 있었던 이유는 무엇일까요? 다음 세 문장을 이용하여 그 이유를 써 보세요.

로마는 하루아침에 이루어지지 않았다

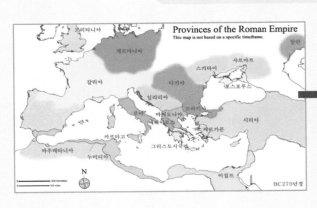
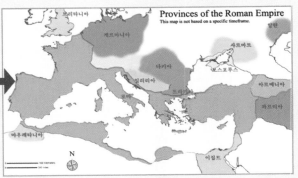

로마에 가면 로마법을 따르라!

모든 길은 로마로 통한다!

3 마우리아 제국

학습목표

- 인더스, 갠지스 유역에 등장한 통일제국의 성립과 발전을 이해한다.
- 인도에서 탄생한 불교와 힌두교의 성립과 전파 과정을 이해한다.

학습내용

01 인도에서 탄생한 불교
02 인도를 통일한 마우리아 제국
03 굽타 제국과 힌두교
04 석굴 속 인도 불교와 힌두교

공부하고 지도에 표시하기

01 인도에서 탄생한 불교

기원전 6세기경 세계 4대 문명 중 하나인 인더스 문명의 인도에서 불교가 탄생했습니다. 불교의 탄생 과정을 알아봅시다.

>> **1** 앞에서 배운 인도의 인더스 문명을 정리해 봅시다.

1 인도를 둘러싸고 있는 산맥과 바다를 지도에서 찾아 써 보세요.

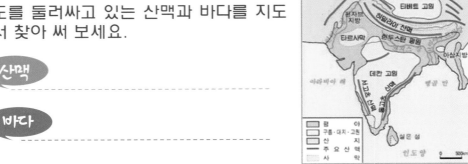

산맥 ---------------------------------

바다 ---------------------------------

2 인더스 문명이 시작된 강과 고대 도시를 지도에서 찾아보세요. 도시의 특징은 무엇인가요?

강 ---------------------------------

고대도시 ---------------------------------

특징 ---------------------------------

모헨조다로 대형목욕탕

3 현재 인도인들의 삶의 터전이 되는 강을 찾아보세요. 그 곳에 어떤 민족이 정착해서 살았나요?

강 ---------------------------------

민족 ---------------------------------

4 고대 인도 아리아인들은 인종에 따라 브라만, 크샤트리아, 바이샤, 수드라 4개의 신분으로 나누었습니다. 이 신분 제도를 무엇이라 부르나요?

>> 2 기원전 6세기경 인도에서 석가모니가 불교를 창시했습니다. 불교의 탄생 과정을 살펴봅시다.

> 기원전 563년경 고타마 싯다르타는 인도의 고대 도시국가인 카필라국의 왕자로 태어났다. 어느 날 밖에 나갔다가 허리가 굽은 노인, 아픈 사람, 장례 행렬, 머리와 수염을 깎은 수행자를 만나면서 인간 세상의 고통을 깨닫고 고통에서 벗어날 방법을 찾아 궁을 나섰다. 싯다르타는 보리수나무 아래서 49일 동안 명상을 한 후 깨달음을 얻었다. 그래서 '깨달은 사람' 부처(붓다, 석가모니)라고 불리었다. 부처는 사람을 고통스럽게 하는 욕심을 없애면 행복할 수 있고 신분, 남녀, 부자와 가난한 자를 차별하지 않고 모든 사람이 귀하다고 사람들에게 가르쳤다. 카스트 제도에 불만을 느낀 사람들은 부처의 평등과 자비의 가르침을 따르게 되어 부처의 가르침은 불교라는 종교가 되었다.

1 고타마 싯다르타는 궁을 나와 무엇을 보았나요?

2 사람들이 부처의 가르침을 따르게 된 이유는 무엇인가요?

3 다음 조각상을 보고 불교가 탄생하는 과정을 바르게 나열해 보세요.

고타마 싯다르타 탄생 → 깨달음 → 불교 탄생

02 인도를 통일한 마우리아 제국

세계 4대 문명의 발상지인 인도를 최초로 통일하고 제국을 이룬 마우리아 제국에 대해 알아봅시다.

>> 1 마우리아 제국이 인도를 최초로 통일한 과정을 살펴봅시다.

기원전 4세기 마케도니아의 알렉산드로스 대왕은 인더스 강까지 진출했지만 병사들이 10년 동안 계속된 전쟁에 지쳐 결국 원정은 중단되었다. 젊은 사령관 '찬드라 굽타'는 기회를 놓치지 않고 7만 명의 군대와 9,000마리의 코끼리, 1만 대의 전차를 이끌고 16개 왕국으로 분할된 인도 북부를 장악하고 기원전 321년경 인도 최초의 통일 제국인 마우리아 왕조를 세웠다.

찬드라 굽타

1 알렉산드로스 대왕이 진출한 지역을 지도에 표시해 보세요.

2 인도 최초의 통일국가 마우리아 제국을 세운 사람은 누구인가요?

3 위의 지도에서 마우리아 제국의 영역을 표시해 보세요.

4 마우리아 제국의 영토는 현재 어떤 나라들이 포함되어 있나요?

》2 마우리아 제국은 3대 아소카 왕 시기에 전성기를 맞이했습니다. 아소카 왕이 만든
불교 유적을 통해 인도 사람들이 왜 불교를 믿게 되었는지 말해 보세요.

아소카 왕 (재위
기원전 268~232)

3대 아소카 왕은 정복 전쟁을 통해 남부를 제외한 인도 전역을 통
일해 지금의 인도 북부 파키스탄, 방글라데시, 아프가니스탄까지
마우리아 제국을 건설했다. 아소카 왕은 대제국 건설 이후 참혹한
전쟁의 모습을 보고 생명을 죽이지 않는 불교를 믿게 되었다. 이후
아소카 왕은 불교 교리에 따라 비폭력 정신을 실천하며 다른 종교
에 대한 존중, 살생 금지, 백성을 자비로 다스리겠다는 다짐을 새겨
넣은 돌기둥과 불탑, 사원을 각지에 세워 동남아시아까지 불교를
퍼뜨렸다.

산치대탑

아소카 석주

아소카 석주

1 아소카 왕 때 세워진 산치대탑에서 부처님의 사리가 모셔진 사리탑
(수트파)을 찾아보세요.

2 인도에서 사자는 왕의 권위를 나타냅니다. 산치대탑의 문에서 현재
인도의 국장이 된 4마리 사자상을 찾아보세요.
┃국장 : 한나라의 공식적인 상징물

3 아소카 석주(돌기둥)에는 무슨 내용이 새겨져 있나요?

4 아소카 석주에서 '부처의 가르침' 을
뜻하는 바퀴를 찾아보세요.

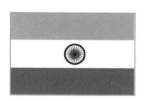

인도 국기

인도 국장

03 굽타 제국과 힌두교

인도를 두 번째로 통일하고 인도 민족 종교 힌두교를 탄생시킨 굽타 왕조에 대해 알아봅시다.

● 쿠샨 왕조 ﹇간다라 미술﹈

마우리아 제국은 기원전 185년 아소카 왕이 죽자 불교를 반대하는 세력한테 멸망당했다. 인도 북부는 작은 국가로 나누어졌다가 기원전 1세기 쿠샨 왕조가 통일했다. 쿠샨 왕조는 불교를 더욱 발전시켰고 간다라 지방에서는 그리스 조각의 영향을 받아 불상을 만들기 시작해 간다라 미술을 꽃피웠다.

● 굽타 제국 ﹇힌두교의 탄생﹈

320년, 찬드라 굽타 1세가 쿠샨 왕조의 붕괴 이후 혼란에 빠진 인도 북부를 통일하고 굽타 왕조를 세웠다. 굽타 제국은 찬드라 굽타 2세 때 인도 북부, 중부, 남부 지역까지 영역을 확대해 마우리아 제국 이후 인도를 두 번째로 통일했다. 굽타 제국 때 인도의 민족 종교인 힌두교가 탄생했다. 힌두교는 인도 각지의 민간신앙의 다양한 신들을 받아들이고, 불교의 영향을 받아 신상을 만들어 예배를 드리고, 인도 고유의 카스트 제도가 결합되어 만들어졌다. 힌두교는 창조신 브라흐마, 유지신 비슈누, 파괴신 시바 등 인도의 많은 신들과 불교의 부처, 왕까지 신으로 만들어 왕의 지지를 받으며 인도의 민족 종교로 성장해 나갔다.

>> **1** 다음 간다라 조각상들을 살펴보며 쿠샨 왕조 시기 탄생한 간다라 미술의 특징을 살펴봅시다.

1 쿠샨 왕조의 동전에는 무엇이 새겨져 있나요?

쿠샨왕조 동전

2 아프로디테 조각상에서 그리스양식과 인도 양식을 찾아보세요.

머리모양, 얼굴, 옷주름, 장신구

3 헤라클레스를 찾아보세요. 헤라클레스는 중국, 한국에 와서 어떻게 변했을까요?

풍요의 신 아프로디테

부처를 지키는 헤라클레스

>> **2** 인도에는 수백 년의 기간을 두고 같은 이름을 가진 유명한 통치자가 나타납니다. 다음 세 인물이 속한 나라를 구분해 보세요.

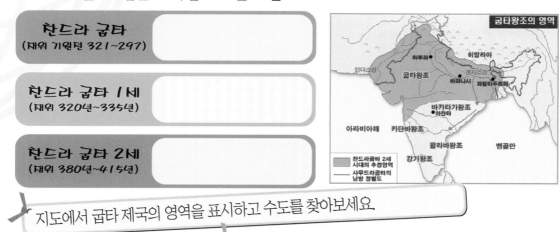

찬드라 굽타
(재위 기원전 321~297)

찬드라 굽타 1세
(재위 320년~335년)

찬드라 굽타 2세
(재위 380년~415년)

지도에서 굽타 제국의 영역을 표시하고 수도를 찾아보세요.

굽타 제국의 영역을 확대한 왕은 누구인가요?

>> **3** 힌두교의 3신을 통해 굽타 제국 시기에 생겨난 힌두교에 대해 알아봅시다.

1 힌두교를 대표하는 3신의 이름을 쓰세요.

창조

유지

파괴

2 힌두교는 어떻게 만들어진 종교일까요? 다음 물음에 답하세요.

힌두교 = 다양한 신 + 조각상 + 신분에 따른 역할

3 인도의 왕들이 힌두교를 지지한 이유는 무엇일까요?

04 석굴 속 인도 불교와 힌두교

375년부터 415년까지 굽타 제국의 찬드라 굽타 2세가 통치하던 시기에 발전한 인도의 불교와 힌두교 문화를 살펴봅시다.

● 굽타 시대 석굴 문화

굽타 왕조는 불교와 힌두 미술이 조화를 이루어 독특한 예술 작품을 보여준다. 대표적인 유적은 현무암 산을 파서 만든 아잔타 석굴 사원이다. 모두 29개의 석굴이 있고 탑, 불상, 벽화 등은 인도 고유의 아름다움을 보여 주고 있다. 엘로라 석굴 사원은 석굴이 총 34개로 초기에는 불교, 후기에는 힌두교 사원이 많이 만들어졌다.

>> **1** 인도의 총 1200여 기 석굴 사원 중 900여 기가 불교 사원입니다. 대표적인 아잔타 석굴 사원을 살펴봅시다.

石 窟
돌 석   굴 굴

1 사진에서 석굴을 찾아보세요.

2 석굴은 모두 몇 개인가요?

3 아잔타 석굴과 통일 신라 석굴암을 비교해 보세요.

아잔타 석굴

통일신라 석굴암

천장 모양

부처 모습

내부모습

30

4 아잔타 석굴에 모셔진 부처는 어떤 모습일까요?

아잔타 석굴의 와불
(부처의 장례식)

연꽃을 들고 있는 연화수보살

'와불'이란 무엇일까요?

부처의 장례식을 슬퍼하는 사람들을 찾아봐요.

연꽃과 원숭이를 찾아봐요.

부처는 어떤 모습인가요?(얼굴, 눈썹, 몸동작)

≫ 2 500년에 걸쳐 만들어진 엘로라 석굴은 불교와 다양한 힌두교의 신들이 조각되어 있습니다.

엘로라 석굴

무기를 든 보살

힌두교 '사랑의 신' 카마

1 석굴은 모두 몇 개인가요?

2 석굴 안에 있는 사원을 찾아보세요

3 '보살' 옆에 있는 백조와 '보살'이 들고 있는 무기를 찾아보세요.

카마는 시바신이 파르바티를 사랑하게 만들려고 해요~

4 '보살'은 불교와 힌두교 중 어느 종교의 신일까요?

5 카마 신은 무엇을 하고 있나요?

불교와 힌두교

고대 인도에서 생겨난 두 종교는 석가모니가 만든 불교와 인도의 여러 종교가 합쳐진 힌두교입니다. 두 종교를 비교하며 특징을 쓰고, 불교와 힌두교의 신을 구분해 보세요.

불교

아소카 왕

전성기를 이룬 왕조와 왕 :

특징 :

힌두교

찬드라 굽타 2세

전성기를 이룬 왕조와 왕 :

특징 :

불교와 힌두교의 신을 찾아봐요~

4 진 · 한 제국

학습목표

- 진 · 한 제국을 통해 고대 중국 영토의 통일과 문화의 형성 과정을 이해한다.
- 유교의 성립과 유교 중심의 질서를 갖춘 중국의 모습을 이해한다.

학습내용

01 분열과 발전의 춘추 · 전국 시대
02 중국 최초의 통일제국 '진(秦)'
03 중국 문화의 바탕 '한(漢)'
04 만리장성과 실크로드

공부하고 지도에 표시하기

01 분열과 발전의 춘추·전국 시대

주나라가 수도를 호경에서 낙읍으로 옮긴 때부터 진이 통일할 때까지의 시대를 춘추 전국 시대(기원전 770~기원전 221)라고 부릅니다.

>> **1** 앞에서 배운 중국의 황하 문명을 정리해 봅시다.

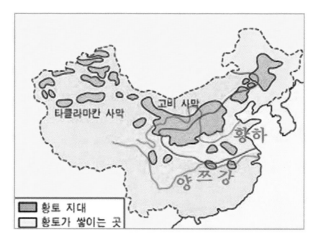

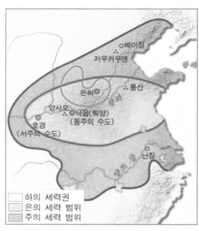

1 위의 지도에서 황하와 양쯔 강을 찾아 표시해 보세요. 문명이 탄생한 강은 어디인가요?

2 황하에서 문명이 탄생한 이유는 무엇인가요?

3 황하 문명에서 생겨난 최초의 나라 이름을 말해 보세요.

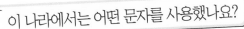

이 나라에서는 어떤 문자를 사용했나요?

갑골문자

4 '천자의 나라'라 불리며 은나라에 이어 등장한 나라 이름은 무엇인가요?

5 은, 주 사람들은 어떤 재료를 사용해 도구를 만들었나요?

>> **2** 주나라가 견융족의 침입으로 수도를 낙읍으로 옮기면서 힘이 약해지자, 많은 제후국들이 생겨나면서 시작된 춘추 전국 시대에 대해 알아봅시다.

1 주나라는 수도를 어디에서 어디로 옮겼나요? 왜 주의 동천이라 부르나요?

	주의 동천 →	

2 춘추 전국 시대는 제후국들 간의 침략과 약탈 전쟁이 빈번했습니다. 춘추 전국 시대에 제후들의 꿈은 무엇이었을까요?

3 춘추 전국 시대의 제후들은 부국강병책을 제시하는 사상가들을 찾았습니다. 그래서 많은 사상가들이 나타났는데, 다음 중 누구의 사상이 부국강병에 가장 도움이 된다고 생각하나요?

공자 유교 사상 ●	● 군주는 법률과 형벌만으로 백성을 다스리면 안 되고, '덕'을 바탕으로 백성을 이끌어야 한다.
맹자 유교 사상 ●	● 인간은 자연의 일부이므로 자연에 있는 도를 발견하여 자연에 순응하며 살아야 한다고 주장했다.
한비자 법가 사상 ●	● 공자의 유교 사상을 이어받아 왕도정치를 주장했다. 성선설을 기초로 민본정치를 주장했다.
노자 도가 사상 ●	● 엄격한 법의 통치를 주장한 법가 사상을 총정리했다. 법치주의는 진, 한의 형벌제도에 영향을 미쳤다.

02 중국 최초의 통일제국 '진(秦)'

기원전 221년 중국을 최초로 통일하고 자신을 최초의 황제 '시황제'라고 부른 진시황에 대해 알아봅시다.

● 중국 최초의 황제 　시황제(B.C. 259 ~ B.C. 210)

전국 시대 7웅 중 중국 서쪽에 자리잡은 진나라는 문화적으로 가장 뒤처진 나라였다. 그러나 13세에 왕위에 오른 진나라 왕 '정(政)'은 엄격한 법을 만들어 왕을 중심으로 한 강력한 나라를 만들어, 전국 7웅의 여섯 나라(한, 조, 위, 초, 연, 제)를 차례로 멸망시키고 중국을 최초로 통일했다(기원전 221). 550년 동안 끝없는 분열과 혼란의 전쟁 시대였던 춘추 전국 시대를 끝내고 새로운 통일제국의 시대를 연 것이다.

진시황제 ▶

　작은 진나라 왕에서 통일 국가의 왕이 된 정은 자신을 '황제'라 불렀다. 황제란 중국 전설 속 어진 임금들인 삼황오제(三皇五帝)에서 이름을 딴 것으로, 삼황의 재능과 오제의 덕을 겸비한 자란 뜻이다. 이때부터 황제는 중국의 모든 왕조에서 지배자를 부르는 정식 명칭이 되었다. 스스로를 최초의 황제 '시(始처음시)황제'라 부른 진시황은 막강한 황제 권력을 구축해 나라를 강력한 법으로 다스렸다.

>> 1 중국을 최초로 통일한 '진'에 대해 살펴봅시다.

1 지도에서 진나라의 수도 셴양을 찾고, 전국 7웅 때의 진나라 영토와 통일 후 영토를 비교해 보세요.

2 진나라의 왕은 중국을 통일한 후 자신을 무엇이라고 불렀나요?

秦　始　皇　帝
나라이름 진　처음 시　임금 황　임금 제

3 다음 중 진시황이 부국강병책으로 채택한 사상은 누구의 사상인가요?
　① 공자　　② 맹자　　③ 순자　　④ 한비자　　⑤ 노자

4 중국의 영어 명칭인 차이나(China)는 어느 나라 이름에서 비롯된 것일까요?

≫ 2 진시황은 만리장성, 아방궁 등 대규모 토목공사를 벌여 백성들의 불만을 샀습니다. 진시황의 무덤을 통해 막강한 황제 권력을 살펴봅시다.

진시황릉은 1974년 한 농부가 우물을 파다가 170~190cm 정도 크기의 흙으로 빚은 인형을 발견하면서 세상에 알려졌다. 길이 230m, 너비 62m의 제1호 병마용갱에는 흙으로 만든 병사들이 8000명이나 되었다. 이 흙병사들은 죽은 진시황의 호위 병사로서, 얼굴과 동작이 모두 다르게 되어 있고, 당시 사용했던 실제 무기를 지니고 있었다. 이후에도 병마용갱 2호, 3호가 발굴되긴 했지만 무덤의 극히 일부분에 불과하고, 진시황릉을 모두 발굴하려면 몇 백 년이 더 걸릴지 알 수 없다고 한다. 유네스코에서는 1987년 진시황릉을 세계문화유산으로 지정했다.

1 다음은 진시황릉에서 발굴한 병마용갱입니다. 병마용갱이란 무엇인가요?

兵　馬　俑　坑
병사 병　말 마　인형 용　구덩이 갱

2 진시황은 죽어서도 살아 있는 황제처럼 살기를 원해서 무덤 속을 실제 궁궐처럼 꾸몄습니다. 병마용갱에서 발굴된 다음 유물을 보고 우리가 알 수 있는 사실이 무엇인지 말해 보세요.

얼굴　머리　옷　신발　무기　마차

03 중국 문화의 바탕 '한(漢)'

> 기원전 206년 진나라를 멸망시키고 두 번째로 중국을 통일한 통일제국 한나라에 대해 알아봅시다.

● 한 무제 | 유교를 국교로 삼다

한 무제

기원전 210년 진시황이 사망하자 그 동안 불만을 억누르고 있던 농민들이 전국 각지에서 반란을 일으켰다. 결국 진시황이 죽은 지 4년 후인 기원전 206년 진나라는 멸망하고 그 뒤를 한나라가 이어받았다.

한나라는 7대 황제 무제 때 전성기를 맞이했다. 한 무제는 북방 민족인 흉노를 고비사막 너머로 몰아내고, 남월과 고조선을 물리쳐 영토를 확장했다. 한 무제는 유학을 국교로 삼고 전국에 유교 경전을 가르치게 하고 관리를 뽑을 때도 유학 내용을 시험 보는 등 사회를 유학 사상으로 통일했다. 유교는 한나라 때 중국뿐만 아니라 동아시아에 전파되어 유교 문화권의 기반을 마련했다.

한나라는 유교적 질서를 바탕으로 400년 간 중국을 통치하며 전 시대의 문화유산을 잘 정리해 중국 문화의 바탕을 마련했다. 유럽 문명의 원형이 로마에 의해 이루어졌다면, 중국 문명의 원형은 한나라에 의해 이루어진 것이다. 중국 글자를 한자(漢字)로, 중국 민족을 한족(漢族)으로 부르는 것도 이런 사실을 반영한다.

>> **1** 진나라는 진시황이 죽은 후 몇 년 만에 멸망했나요?

>> **2** 다음 한나라 지도를 보고 물음에 답합시다.

> 흉노, 고조선, 남월을 찾아보세요.

> 초기 한나라의 영토와 한의 최대 영역을 표시해 보세요.

ㄴㄷ 만리장성
▨ 한의 최대영역

» 3 동아시아 사상계를 지배한 유교에 대해 살펴봅시다.

공자는 춘추 시대의 사상가이며 유교의 시조이다. 가난한 가정 환경 속에서 부모를 일찍 여의었지만, 주나라 예법을 꾸준히 공부하면서 예(禮) 전문가로 유명해졌다. 공자는 제자들과 함께 여러 나라를 돌아다니며 자신의 이상을 정치에 실현하기 위해 노력했으나 뜻을 이루지 못하자, 고향에서 후학 양성에 힘썼다. 공자는 살아생전 자신이 꿈꾸었던 이상 정치를 실천에 옮길 기회를 갖지 못했으나, 그가 죽은 후 유교는 한나라의 국교가 되고, 2천 년 가까운 세월 동안 중국은 물론 동아시아 사상계를 지배했다.

공자

1 한 무제가 나라를 다스리기 위해 채택한 사상은 누구의 사상인가요?

① 공자　　　② 맹자　　　③ 순자　　　④ 한비자　　　⑤ 노자

2 유교 사상은 동아시아에 전파되어 유교 문화권을 형성했습니다. 우리나라에 전해진 유교 사상은 어떤 내용인지 다음 그림을 보고 말해 보세요.

3 공자의 유교 사상이 이렇게 오랜 기간 동안 동아시아에 영향을 끼칠 수 있었던 이유는 무엇일까요?

» 4 다음 글자의 뜻을 적고 중국 민족과 중국 문자를 부르는 말을 써 보세요.

漢 _____ 한

중국 민족 :

중국 문자 :

04 만리장성과 실크로드

중국의 문화는 중국 한족과 북방 유목민족의 대립 속에서 발전했습니다. 만리장성과 실크로드를 통해 둘 사이의 대립 관계를 알아봅시다.

» 1 진나라 시황제는 중국 북쪽의 유목민족인 흉노의 침입을 막기 위해 만리장성을 쌓았습니다. 만리장성에 대해 살펴봅시다.

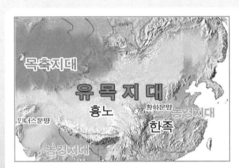

유목민(흉노족) : 우리는 가축을 키우면서 먹고 살아. 가축을 데리고 목초지를 찾아다니는 이동생활을 하지. 그래서 말을 잘 타고 활도 잘 쏜단다. 하지만 우리는 먹을 게 떨어질 때가 많아.

농경민(중국 한족) : 우리는 농사를 지어서 먹고 살아. 정착 생활을 하기 때문에 생활이 매우 안정적이지. 가끔 북쪽의 유목민이 침입해 양식을 빼앗아 가는 게 골칫거리야.

1 유목민과 농경민의 차이점은 무엇인가요?

유목민 ------------------------------

농경민 ------------------------------

2 지도에서 유목민과 농경민을 대표하는 흉노와 중국 한족을 찾아 표시해 보세요.

3 다음 사진을 보고 만리장성의 특징을 말해 보세요.

위치

재료

군사시설

4 만리장성을 쌓은 이유는 무엇인가요?

40

>> **2** 한나라 무제는 북방 유목민족인 흉노를 물리치는 과정에서 비단길를 개척했습니다. 그 과정을 살펴봅시다.

> **한무제** : 북방 흉노가 끊임없이 한나라를 침입하는데, 공주를 흉노의 대장 선우에게 시집보내고 술과 양식을 계속 줘야 할까?
>
> **장건** : 흉노 서쪽에 있는 월지국이 흉노에게 땅을 빼앗기고 단단히 벼르고 있다고 합니다. 제가 서역에 있는 월지국에 가서 동맹을 맺고 오겠습니다.
>
> **한무제** : 월지국에는 괴물이 우글거린다는 소문이 있던데, 조심하시오.
>
> (장건은 월지국으로 가는 길에 흉노족에 잡혔다 겨우 탈출해 월지국에 갔지만 동맹을 거절당한다. 실망한 채 돌아오던 장건은 다시 흉노에 붙잡혀 13년 만에 한나라로 돌아온다.)
>
> **한무제** : 그래, 어떻게 되었나?
>
> **장건** : 중앙아시아에는 복숭아, 석류, 사자, 산호, 포도, 수박, 낙타 등의 진기한 서역 물건들이 많았습니다. 우리나라의 비단, 종이 등은 그 곳에는 없는 아주 귀한 물건들이니 비싼 값에 팔 수 있을 것입니다.
>
> **한무제** : 서역과 무역할 수 있는 무역로를 개척하도록 하라.

1 장건이 개척한 길의 이름은 무엇인가요?

Silk Road
(실크로드)

2 위의 지도에서 실크로드에 들어가는 지역을 찾아보세요. 실크로드의 시작과 끝은 어디인가요?

> **보기** 중국   중앙아시아   서아시아(아라비아 반도, 아나톨리아)   유럽

시작 :   끝 :

3 실크로드를 통해 교역된 물건은 무엇인가요?

중국 ➡ 다른 나라

세계 최초의 통일제국 등장

다음 4대 문명권에서 성장한 통일제국을 세계지도에 표시하고, 각 제국에 대해 알고 있는 내용을 발표해 보세요.

① 메소포타미아 문명 → 페르시아 제국

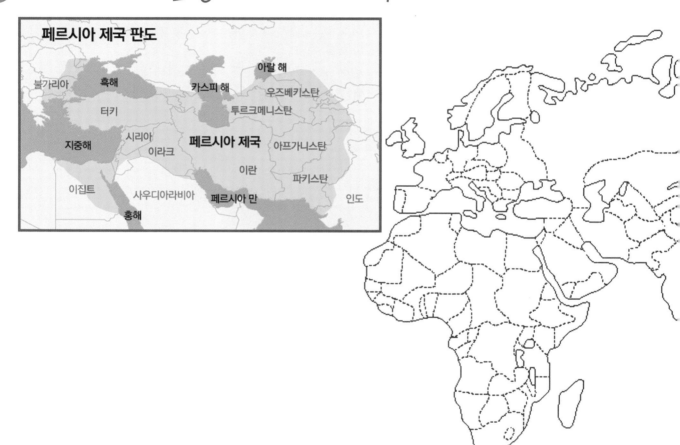

② 에게 문명 → (알렉산드로스 제국) → 로마 제국

③ 인도의 인더스 문명 → 마우리아 제국, 굽타 제국

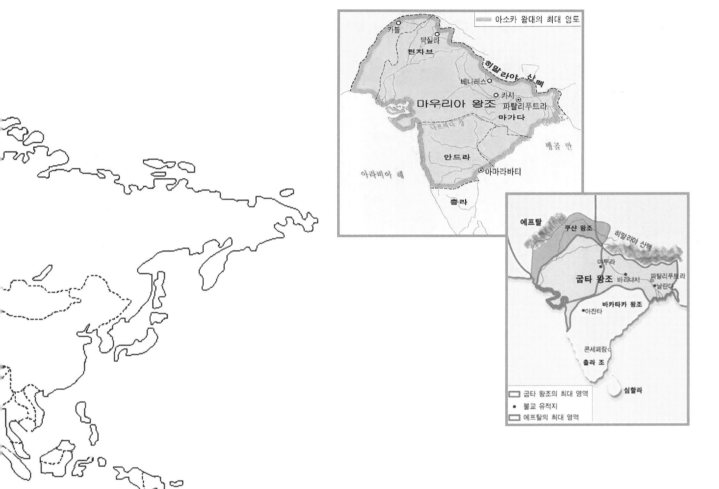

④ 중국의 황하 문명 → 진, 한 제국

세계사 여행

세계 여행 계획 세우기

세계사 여행 4호에서 배운 내용을 기초로 세계여행 계획을 세우고,
세계지도에 가고 싶은 곳을 표시해 보세요.

출발~~

▶ 여행 시기 :   년   월   일

▶ 여행 동반자 :

▶ 여행 준비물 :

▶ 보고 싶은 것 :

HOP

new beginni

START

ONE WA

역사 전문 프로그램
가톨릭역사교실

MEMO(알림장)

1차시 알렉산드로스 제국   3쪽~

01. 알렉산드로스 대왕
1. 그리스 지도 위쪽에서 마케도니아 왕국과 수도 '펠라'를 찾아본다.
2. – 그림자를 보고 겁에 질린 말의 말머리를 태양 쪽으로 돌려 안정시켰다.
   – 알렉산드로스의 지혜와 용기가 뛰어나기 때문에 등 자유롭게 말해 본다.
3. 윤리, 정치, 음악, 의학, 천문학, 문학, 해부학, 역사, 동물학, 수학, 시, 철학 등
4. 자유롭게 자신의 생각을 말해 본다.

02. 알렉산드로스 제국
1. **1** 그리스   **2** 스파르타   **3** 마케도니아
2. **1** 지도에서 그리스 북쪽의 마케도니아를 찾아 표시한다.
   2 이수스 전투   **3** 알렉산드리아
   4 지도에서 찾아본다.
   5 그리스, 터키, 레바논, 이집트, 이라크, 이란, 아프가니스탄, 파키스탄 등

03. 동·서양의 만남, 헬레니즘
1. 제국 곳곳에 알렉산드리아라는 도시를 만들고 그리스인들을 이주시켰다. 그리스인과 다른 민족의 결혼을 권장했다. 그리스어를 공용어로 사용하고, 정복한 여러 민족의 전통과 관습을 존중했다.
2. 그리스 문화 + 동양 문화(오리엔트 문화) = 헬레니즘
3. 라오콘 군상, 사모트라케의 니케, 밀로의 비너스 / 고통, 열정, 아름다움, 생동감 등과 같이 떠오르는 대로 얘기해 본다. / 뱀 / 팔
4. ❶ → ❹ → ❷ → ❸ → ❺

04. 알렉산드로스 제국의 후계자
1. 유럽 – 안티고노스 왕국(마케도니아) / 아시아 – 셀레우코스 왕국(시리아) / 아프리카 – 프톨레마이오스 왕국(이집트)
2. **1** 로물루스   **2** 이탈리아 반도   **3** 그리스
   4 철기, 집 짓는 법, 문자, 도자기 만드는 법
3. 로마

2차시 로마 제국   13쪽~

01. 로마는 하루아침에 이루어지지 않았다!
1. **1** 지도에서 로마라고 적혀 있는 곳이 이탈리아 반도이다. / 서쪽– 브리타니아, 갈리아, 에스파냐 / 남쪽 – 이집트 등 아프리카 북부 / 동쪽 – 그리스, 소아시아
   2 지중해
   3 지도에 메소포타미아 문명과 이집트 문명, 에게 문명, 그리스 문명, 로마 문명, 유럽 문명 순으로 표시해 본다.
   4 로마가 오리엔트 문명과 그리스 문명 등의 영향을 받아 성장하며 새로운 로마만의 문화를 만들어 대제국을 이루었다.
2. **1** 유럽   **2** 이탈리아 / 로마
3. **1** 삼국시대
   2 ㉠ 고구려 : 주몽 ㉡ 백제 : 온조 ㉢ 신라 : 박혁거세 ㉣ 가야 : 김수로

02. 로마에 가면 로마법을 따르라!
1. **1** ②/③/①
   2 같은 점 : 신전과 시장이 있다. 다른 점 : 그리스 폴리스는 신전이 높은 곳에, 사람이 모이는 시장은 언덕 아래에 있는 반면, 포로 로마노는 신전과 시장이 한 곳에 모여 있다. / 포로 로마노 건물에서 기둥과 지붕을 찾아 표시한다.
2. **1** 5만 명   **2** 80개   **3** 4층
   4 검투사들의 싸움, 동물 서커스, 연극, 모의 해전 등 다양한 공연 / 로마 시민들의 즐거움과 공동체 의식을 형성하고 정치적으로 로마 황제가 시민들에게 인기와 공포심을 느낄 수 있도록 하기 위해서.
3. 로마의 법은 대제국 내 다른 인종과 문화를 가진 시민들에게 똑같이 적용되고 모든 시민이 합리적인 로마법의 보호를 받았다. (현재는 각 나라의 문화를 존중해 줘야 하고 그 문화에 맞게 스스로 적응하는 노력을 해야 된다는 의미로 쓰인다.)

03. 모든 길은 로마로 통한다!
1. ❶ → ❹ → ❷ → ❸
2. 돌과 자갈, 볼록한 모양, 도랑 – 비가 올 때 물이 잘 빠지도록 했다. / 징검다리 – 말과 마차의 속도를 제한하고, 비가 올 때 도로를 지나는 사람들에게 다리 역할을 했다.
3. **1** 황제의 명령 전달, 물자의 이동, 군대의 빠른 이동 등의 용도로 사용되었다.
   2 로마의 도로는 광대한 제국을 효율적으로 다스리고 다른 민족을 로마 제국으로 편입시키는 역할을 했다.
   3 영국, 프랑스, 에스파냐, 이탈리아 등 유럽 지역과 터키, 이라크, 이스라엘, 시리아 등 서아시아와 리비아, 이집트 등 북아프리카 등 지도에서 자신이 알고 있는 나라를 찾아본다.

04. 크리스트교가 전파되다!
1. 지도에서 나사렛을 찾아본다. / 이스라엘
2. 유대교 – 하나님을 유일신으로 믿고, 유대인만이 선택받은 백성들이라고 생각하며 유대인을 구원해 줄 구세주를 기다린다. / 크리스트교 – 예수를 하나님의 아들이자 구세주로 믿고, 하나님은 모두를 사랑하며 누구든 죄를 회개하면 구원받을 수 있다고 믿는다.
3. 로마의 황제들은 로마 시민들에게 황제를 신의 대리인으로 섬기게 했지만, 크리스트교들은 우상 숭배라며 황제를 믿는 것을 거부했다.
4. 예수가 탄생한 해를 기준으로 예수 탄생 전 시대를 기원전, 예수 탄생 후 시대를 기원후로 표시한다.

3차시 마우리아 제국   23쪽~

01. 인도에서 탄생한 불교
1. **1** 산맥 – 히말라야 산맥, 서고츠 산맥, 동고츠 산맥 / 바다 – 아라비아 해, 벵골 만, 인도양
   2 강 – 인더스 강 / 고대도시 – 모헨조다로, 하라파 / 특징 – 건물을 진흙벽돌로 만들었고, 대형 목욕탕이 있다.
   3 강 – 갠지스 강 / 민족 – 아리아인
   4 카스트 제도

2. **1** 허리가 굽은 노인, 아픈 사람, 장례 행렬, 머리와 수염을 깎은 수행자
  2 사람들은 신분에 따라 사람을 차별하는 카스트 제도에 불만을 느껴 평등과 자비를 가르치는 불교를 따랐다.
  3 ㉡→㉠→㉢

02. 인도를 통일한 마우리아 제국

1. **1** 지도에서 인더스 강 유역을 표시한다.
  2 찬드라 굽타
  3 지도에서 마우리아 제국의 영역을 표시해 본다.
  4 파키스탄, 인도, 네팔, 방글라데시, 부탄
2. **1** 사진에서 둥근 모양의 탑을 찾아 표시한다.
  2 문 양쪽에 있는 4마리 사자상을 찾아 표시한다.
  3 비폭력을 실천, 다른 종교에 대한 존중, 살생 금지, 백성을 자비로 다스린다는 내용
  4 사자 바로 아래에 있는 바퀴를 찾아 표시한다.

03. 굽타 제국과 힌두교

1. **1** 그리스인의 얼굴과 옷차림을 한 사람
  2 그리스 양식 – 옷차림, 머리 모양, 날개 / 인도 양식 – 얼굴, 장신구
  3 부처 옆에 무기를 들고 있는 헤라클레스를 표시한다. / 사천왕
2. 마우리아 제국, 굽타 제국, 굽타 제국 /
  지도에서 굽타 제국의 영역을 표시해 본다. / 찬드라 굽타 2세
3. **1** 창조– 브라흐마 / 유지 – 비슈누 / 파괴 – 시바
  2 인도 민간 신앙 + 불교 + 카스트 제도
  3 다양한 신을 모시는 힌두교가 강력한 힘이 필요한 왕도 신으로 만들어 주었기 때문에

04. 석굴 속 인도 불교와 힌두교

1. **1** 사진 중간에 초승달 모양으로 퍼져 있는 석굴들을 찾아본다.
  2 29개
  3 천장 모양 – 아잔타 석굴은 둥글고 사람의 갈비뼈 같은 모양이고 석굴암은 둥글고 쐐기돌이 박혀 있다. / 부처 모습 – 아잔타 석굴은 서 있는 부처, 석굴암은 앉아 있는 부처 / 내부 모습 – 아잔타는 석굴 안에 돌기둥과 작은 사원이 세워져 있고, 석굴암은 가운데 본존불을 모시고, 뒤에 제자들이 조각되어 있다.
  4 와불 : 누워 있는 불상 / 와불 밑에 있는 사람들 / 연꽃 : 연화수보살의 오른손, 원숭이 : 연화수보살의 왼쪽 어깨 위 / 부드러운 곡선으로 연결된 눈썹, 옷 주름이 생략된 아름다운 몸, 신비하고 우아한 미소를 띤 얼굴
2. **1** 34개
  2 사진 가운데 사원을 찾아 표시한다.
  3 보살 왼쪽에 있는 무기와 백조를 찾아 표시한다.
  4 엘로라 석굴 중 불교 석굴에 있는 보살이지만 무기와 백조 등 힌두교의 양식이 섞여 있다. 자유롭게 자신의 생각을 말해 본다.
  5 활을 쏘고 있다.

4차시 진·한 제국 33쪽~

01. 분열과 발전의 춘추·전국 시대

1. **1** 지도에서 황하와 양쯔 강을 표시한다. / 황하
  2 황하 유역에 기름진 황토 지대가 넓게 펼쳐져 있어 일찍부터 농사가 발달하여 문명이 탄생했다.
  3 은 / 갑골문자 ④ 주 ⑤ 청동기
2. **1** 호경→낙읍 / 수도를 동쪽으로 이동(천도)했기 때문에
  2 주변 나라를 물리치고 중국을 통일하는 것
  3 공자 – **1**, 맹자 – **3**, 한비자 – **4**, 노자 – **2** / 자신의 생각을 자유롭게 말해 본다.

02. 중국 최초의 통일제국 '진'

1. **1** 지도 왼편에 있는 '셴양'을 표시한다.
  2 진시황제
  3 **4**번
  4 진
2. **1** 진시황릉을 지키는 흙으로 만든 병사인형과 말이 있는 구덩이
  2 얼굴 : 실제 진시황제를 지키는 병사의 생김새
  머리, 옷 : 싸움에 알맞은 머리모양과 복장
  신발 : 미끄러지지 않도록 못이 박힌 신발
  무기 : 활, 칼 등의 무기를 사용
  마차 : 군사용과 신분에 따라 다양한 전차 사용

03. 중국 문화의 바탕 '한'

1. 4년
2. 지도에서 동쪽 고조선, 북쪽 흉노, 남쪽 남월을 찾아 표시한다. / 초기 만리장성과 장안 주변으로 표시한다. / 최대영역 투르판, 남원, 고조선 지역을 포함해 표시한다.
3. **1** **1**번
  2 **1**어른을 공경해야 한다. **2**부모님께 효도해야 한다. **3**임금에게 충성해야 한다.
  3 효와 충을 중심으로 하는 사회질서를 강조하는 유학 내용을 전국에 가르치고 관리를 뽑을 때도 유학 내용을 시험으로 보았기 때문에
4. 한나라 / 중국민족 : 한족 / 중국문자 : 한문

04. 만리장성과 실크로드

1. **1** 유목민 : 가축을 데리고 이동생활을 한다. / 농경민 : 농사를 지으며 정착생활을 한다.
  2 북쪽 흉노, 남쪽 한족을 표시한다.
  3 위치 – 산꼭대기 / 재료 – 흙, 돌, 벽돌 / 군사시설 – 봉화시설, 군인들의 숙소, 보초를 서는 곳이 있다.
  4 북쪽 유목민들이 한족이 사는 농경지대로 오지 못하도록 막기 위해서.
2. **1** 비단길
  2 시작 : 중국 장안 / 끝 : 유럽 콘스탄티노플
  3 중국 : 비단, 종이 등
  다른 나라 : 복숭아, 석류, 사자, 산호, 포도, 수박, 낙타 등